MI PERRO INFLUENCER

LIBSA

Cuanto más conozco a la gente más quiero a mi perro.

Lord Byron

No importa cuánto dinero tengas. Si tienes un perro, eres rico.

Louis Sabin

Mantener a tu perro te va a costar algo más de **1000 € al año** en veterinario, comida e higiene, pero lo que te vas a ahorrar en psicólogos compensa con creces esa inversión. Su **afecto** y **compañía no tienen precio.**

Los perros son buenos amigos, no hacen preguntas...

Tu perro **escucha** en silencio todos tus problemas con una **atención** plena sin hacerte nunca **ningún reproche**. Con amigos como este, ¿quién quiere humanos?

... y tampoco critican.

GEORGE ELLIOT

Los perros realmente se **parecen** a sus compañeros humanos... ¿O es al revés?

REFRÁN POPULAR

8

Hay estudios científicos que demuestran que las personas eligen como mascota una **versión perruna de sí mismos.** Y, con el tiempo, perro y dueño cada vez se parecen más: **1/3 del carácter** del perro es **genético,** pero los otros **2/3 los moldea** su compañero humano.

9

La **inteligencia** de un perro es equivalente a la de un niño de dos años en **empatía, memoria, comunicación y capacidad de razonamiento** para resolver problemas. Y, además, el perro tiene la **humildad** de no creerse el más listo.

El perro sabe, pero no sabe que sabe.

PIERRE TEILHARD DE CHARDIN

¿Sabías que el **70%** de los perros del mundo viven **abandonados**? ¡Son unos **500 millones de perros** sin familia y **sin hogar**!

No compres un **amigo,**

Antes de comprar un perro de raza, piensa en todos los amigos peludos que esperan en los refugios... **¡Merecen una oportunidad!**

adopta un perro.

Anónimo

13

"Amor"
es una palabra de cuatro patas.

ANÓNIMO

Bien lo sabía **Norbert,** un perrito de apenas 1,5 kg de peso, pero con un corazón tan grande que ejerció más de 10 años como **terapeuta en Hospitales Infantiles** de Boston y de Los Ángeles. Su famoso «**choca esos cinco**» fue el mejor tratamiento para los niños.

Si pasas tiempo con los animales, corres el riesgo de volverte una **mejor persona.**

Vivir con un perro puede cambiarte
la vida. Tu peludo te va a **enseñar...**

- **Amor y lealtad** sin condiciones.
- A **vivir el momento** intensamente.
- Cómo **hacer amigos** fácilmente.
- A **moverte y jugar** como un niño.

17

Un perro no necesita palabras para decirte cuánto te **ama**.

Anónimo

19

¿A tu perro solo le falta hablar? En realidad, sí que «**habla**», pero en su idioma: **mueve la cola, te toca con la pata, te lame...** ¡Es su forma de decir «**te quiero**»! Aprende a escuchar y los dos seréis más felices.

Los perros hablan, pero solo para aquellas personas que saben escuchar.

Anónimo

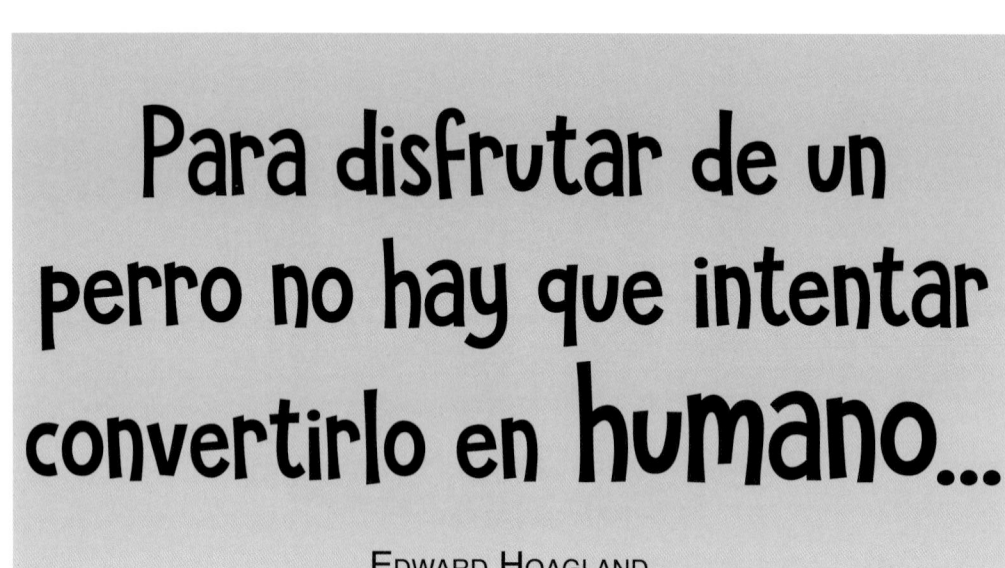

Para disfrutar de un perro no hay que intentar convertirlo en humano...

EDWARD HOAGLAND

... sino abrirse uno mismo para convertirse en más perro.

A un perro no le importa
si eres rico o pobre,
inteligente o tonto.

Dale tu **corazón** y él te
dará el suyo.

MILO GATHEMA

Amor incondicional

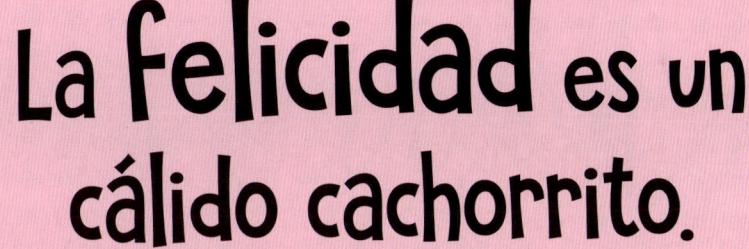

La felicidad es un cálido cachorrito.

CHARLES M. SCHULZ

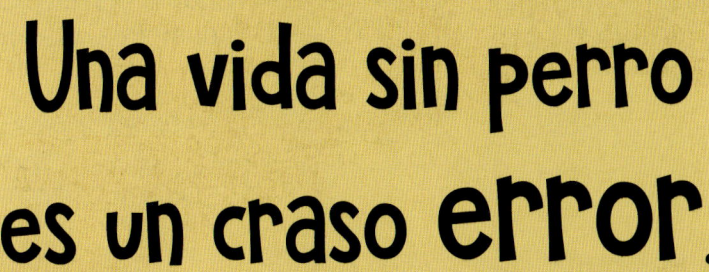

Una vida sin perro es un craso error.

Carl Zuckmayer

Tener un perro te **cambia la vida:** bienvenido a los madrugones, los paseos bajo la lluvia y el sofá lleno de pelos. Jamás alguien capaz de comerse tus zapatillas te hará **más feliz.**

Los perros son los **magos** del universo.

CLARISSA PINKOLA ESTÉS

No importa cuánto tiempo estemos separados, siempre que regreso a casa, mi **perro** me recibe como si fuera la persona más **importante** del mundo.

KAREN SALMANSOHN

Cuando sales, tu perro no sabe si vas a volver. La **alegría** inmensa de cada **reencuentro** es su manera de exteriorizar su **alivio** al comprobar que no te has perdido.

Lo dice la **ciencia:** las personas que tienen perro van un **15 % menos al médico,** tienen menos estrés, menos riesgo cardiocascular, mejor forma física y son más extrovertidos. Tu **mejor versión** es, sin duda, con tu **perro al lado.**

El perro representa todo lo **mejor** de una persona.

ÉTIENNE CHARLET

El mejor **despertador** es un lametón de buena mañana.

ANÓNIMO

Los **lobos,** que son los tatarabuelos de los perros, se lamen unos a otros para **reforzar los lazos** de la manada, así que cuando tu perro te lame, te está considerando parte de su manada, es decir, de **su familia.**

Y los perros también tienen personas favoritas. Si te obedece más, va detrás de ti a todas partes o duerme a tu lado… **¡Eres su preferido!**

Los perros son mis personas favoritas.

Richard Dean Anderson

Entrenado o no, un perro siempre será hasta cierto punto él mismo.

Carol Lea Benjamin

Da igual que le bañes diariamente y después le vistas con abriguitos, le pongas lazos o gafas de sol. Tu perro siempre mostrará su **verdadera naturaleza** revolcándose en el barro y saltando sobre ti con las patas bien sucias.

Un perro no tiene reloj ni despertador, pero sí un **ritmo biológico** que le dice cuándo dormir o comer. Sin haber estudiado filosofía, tu perro tiene algo muy importante que enseñarte: *Carpe diem.*

42

Los perros llevan una vida agradable. Nunca se ve a un perro con un reloj de pulsera.

GEORGE CARLIN

El mejor lugar para enterrar a un buen perro está en el corazón de su amo.

BEN HUR LAMPMAN

Si el mundo fuese perfecto, la vida de tu perro sería **tan larga como la tuya.** Pero un perro, de media, vive unos 12 años y nunca vas a estar preparado para despedirte de él, así que **vive intensamente** cada día que pases **a su lado.**

Tic, tac
Tic, tac

45

Fuera del perro, el **libro** es probablemente el mejor amigo del hombre, y dentro del perro, probablemente está demasiado oscuro para leer.

GROUCHO MARX

Hasta los grandes **genios** de la **literatura** se rindieron a los peludos, no tienes más que leer *La llamada de lo salvaje* y *Colmillo blanco*, de Jack London, *El perro de los Baskerville*, de Arthur Conan Doyle y *El coloquio de los perros*, de Cervantes.

Para hacer ejercicio,

pasee con alguien que lo acompañe de buen grado,

preferentemente un **perro.**

David Brown

49

El perro fue creado especialmente para los niños. Es el Dios de la Alegría.

Henry Ward Beecher

No es ningún secreto: hay una **conexión especial** entre los **niños** y los **perros** y además criarse con un perro fomenta la **responsabilidad** y la **empatía**. ¡Vivan las familias multiespecie!

51

Debidamente entrenado, el hombre puede llegar a ser el **mejor amigo** del perro.

COREY FORD

Tu **rutina de entrenamiento** ideal de 7 días a la semana debe ser:

- 8 h de **sueño** compartido
- 5 h de **juego**
- 5 h de **paseo**
- 6 h de **mimos**

¿Crees que los perros no irán al cielo?

Te digo que ellos han estado ahí mucho antes que cualquiera de nosotros.

ROBERT LOUIS STEVENSON

Errar es de humanos y perdonar es de perros.

Anónimo

Un perro no conoce el rencor y sí el amor, por eso **te lo perdonará todo.** Pero cuando él haga alguna trastada y note que tú estás enfadado te «pedirá perdón» bajando la cabeza, metiendo la cola entre las patas, lamiéndote y gimiendo. **Aprende de tu perro y perdónale todo.**

Los perros nos esperan fielmente.

CICERÓN

La **mitología** nos ha dejado un buen ejemplo de esta **fidelidad**. Cuando Odiseo (Ulises) regresa por fin a su casa disfrazado de mendigo, **solo su perro Argos le reconoce**. Después de **20 años esperando** a su amo, Argos muere a sus pies y Odiseo, el héroe impasible, sin embargo sí derrama una lágrima por él.

Los perros realmente son **soldados** perfectos. Son valientes e inteligentes; pueden oler a través de paredes, ver en la oscuridad, y comer raciones del ejército sin quejarse.

SUSAN ORLEAN

Un perro puede ser muy pequeño, pero siempre será un compañero enorme.

Anónimo

Es verdad que un perro pequeño ocupará poco espacio en tu casa, pero sin duda **llenará hasta los topes tu corazón.**

Estamos solos, totalmente solos en este planeta ocasional; y entre todas las formas de vida que nos rodean nadie, excepto el perro, ha hecho una **alianza** con nosotros.

SUSAN ORLEAN

64

La domesticación del perro a partir del lobo comenzó en el Paleolítico. Desde entonces se ha ganado el apodo de «mejor amigo del hombre» por su **lealtad** y su **afán de complacer.** Ha vigilado la casa, ha cuidado el ganado, ha cazado… Pero por encima de todo eso, nos ha **rescatado de la soledad.**

Nadie **aprecia** el genio especial de tu conversación mejor que un perro.

CHRISTOPHER MORLEY

Está demostrado que los perros **entienden** una parte de lo que les decimos, ya que reconocen el tono de voz, algunas palabras y muchos de nuestros gestos. Pero, además, el vínculo afectivo le hace **prestar mucha atención** y **conectar con tu mirada**. Es el oyente perfecto: nunca te interrumpe, nunca discute y **jamás contará tus secretos**.

Cuando un mamífero de treinta y ocho kilos lame tus **lágrimas** e intenta acostarse en tu regazo, es difícil sentirse triste.

KRISTAN HIGGINS

Los perros son capaces de **leer las emociones humanas** y saben que una persona llorando suele estar en apuros, por lo que corren a ayudarla con las herramientas que tienen: **lamer sus lágrimas.**

Los perros nunca hablan de sí mismos, sino que te escuchan mientras hablas de ti, y mantienen una apariencia de estar **interesados** en la conversación.

CHRISTOPHER MORLEY

Si fuera por **mérito**,
te quedarías afuera
y tu perro entraría.

MARK TWAIN

Hay **cualidades perrunas** muy por encima de las humanas. Por ejemplo, los perros no luchan en las guerras ni contaminan el planeta. Pero quizá lo que más se puede destacar es que el perro es capaz de **ofrecer un amor incondicional** a su imperfecto humano.
Y esto tiene muchísimo mérito.

Tú no tienes un perro. El perro te tiene a ti.

Anónimo

74

Existe un dilema moral acerca de comprar, vender o simplemente sentirse poseedor de otro ser vivo. Desde aquí creemos que pensar que eres el dueño de un perro es un error, él **no es tu esclavo, sino tu compañero,** y seguramente te va a **dar mucho más a ti** de lo que tú puedes devolverle.

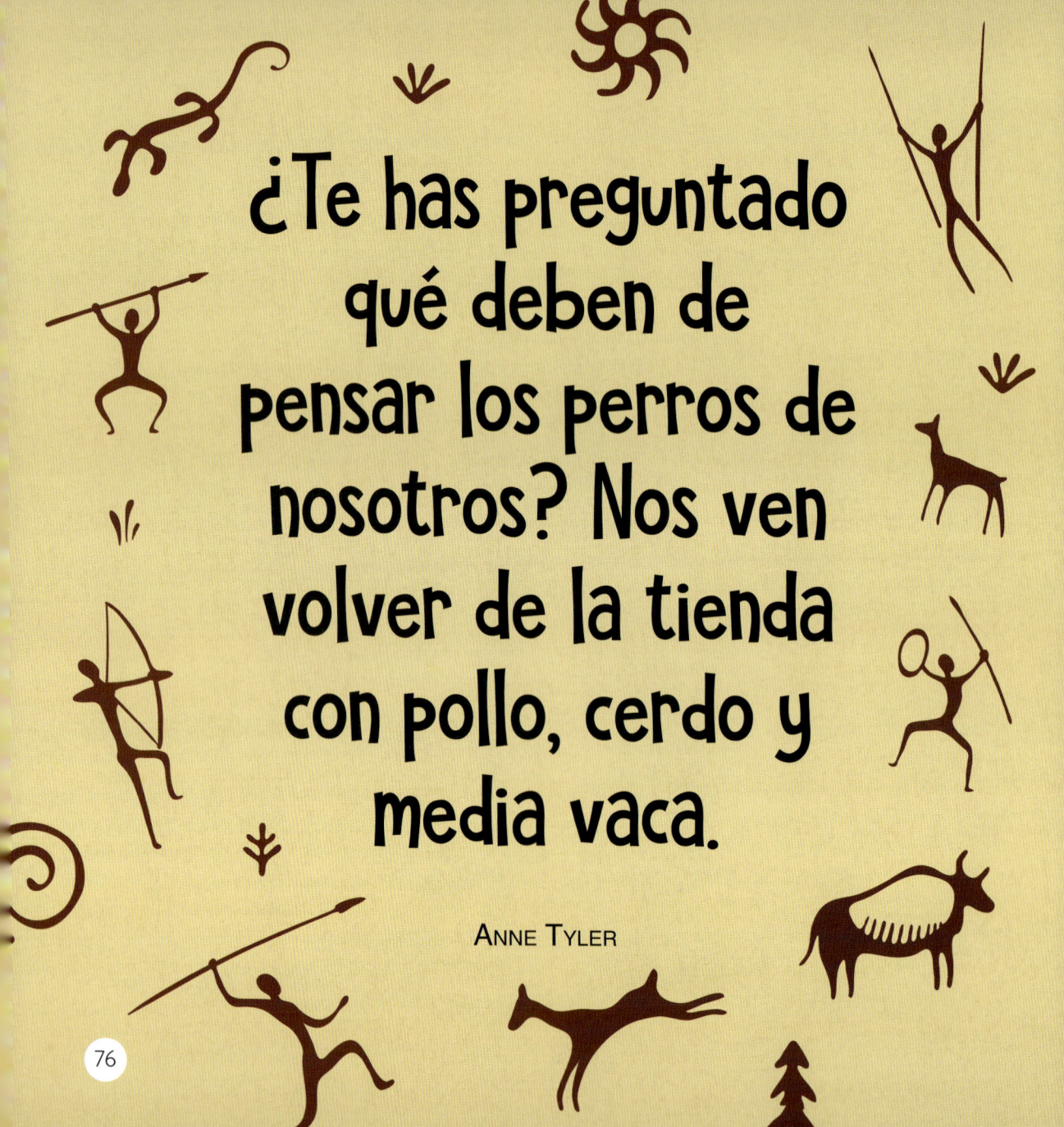

¿Te has preguntado qué deben de pensar los perros de nosotros? Nos ven volver de la tienda con pollo, cerdo y media vaca.

ANNE TYLER

Deben de pensar que somos los **mejores cazadores de la Tierra.**

Para mantener una verdadera perspectiva de lo que valemos, todos deberíamos tener...

La fidelidad del perro opuesta a la independencia del gato tiene más de **leyenda** que de verdad. **Ambos te harán mejor persona** y pueden llegar a ser **buenos amigos.**

... un perro que nos adore y un gato que nos ignore.

Derek Bruce

Mi meta en la vida es llegar a ser tan maravilloso...

EILEEN GREEN

¡Superhumana!

... como mi perro cree que soy.

81

Los perros son mejores que los humanos porque saben las cosas, pero no las cuentan.

EMILY DICKINSON

A vueltas con la **lealtad** y **fidelidad** de los perros… Es evidente que este amigo no contará tus confidencias a nadie porque no sabe hablar. Pero lo importante es que, aunque supiera, tampoco lo haría: **¡Jamás traicionaría tu confianza!**

Las cosas que molestan a un terrier...

SMILEY BLANTON

... pueden pasar prácticamente inadvertidas para un gran danés.

No es cierto que los perros pequeños tengan **peor genio** que los grandes. Lo que suele ocurrir es que se tiende a maleducar a los perritos *toy* llevándolos en brazos y **tratándolos como «bebés»**.

Si piensas que los perros no **pueden contar**, trata de poner tres galletas para perro en tu bolsillo y luego intenta darle solo dos de ellas.

Fil Pastoret

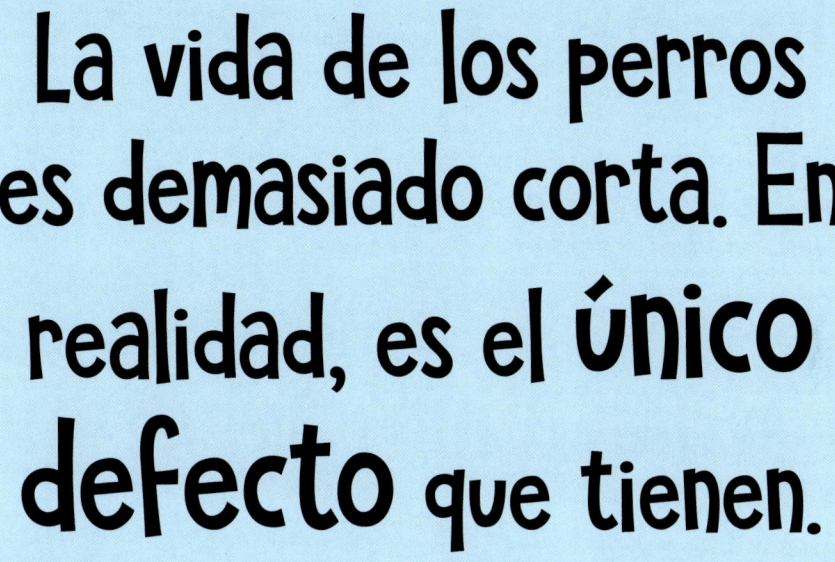

La vida de los perros es demasiado corta. En realidad, es el **único defecto** que tienen.

AGNES SLIGH TURNBULL

La muerte de tu mejor amigo puede ser un trance muy duro y a veces **poco comprendido.** Tendrás que pasar un **duelo,** darte tiempo y dejar que los **buenos recuerdos** ganen terreno. Y, sobre todo, recuerda: ningún otro perro sustituirá al que perdiste porque **cada perro es único.**

¿Qué raza elegir?

Piensa en un peludo que se adapte a tu estilo de vida. Fíjate en el tamaño y el carácter, porque son todos preciosos.

Soy un akita inu ¡El más fiel!

- Peso 30-40 kg.
- Mido 60-67 cm.
- Soy de color rojo leonado, gris, atigrado o blanco.
- Vivo unos 10 años.
- Soy calmado, fiel, dócil y receptivo.

Soy un basset hound

¡Un sabueso!

- Peso 20-30 kg.
- Mido 33-38 cm.
- Soy tricolor blanco, negro y fuego, o bicolor limón y blanco.
- Vivo unos 12 años.
- Soy independiente, tranquilo, tenaz y cariñoso.

Soy un beagle

¡Mi olfato es mi fuerte!

- Peso 14-17 kg.
- Mido 33-40 cm.
- Soy tricolor de cualquier color, menos el color hígado.
- Vivo unos 12 años.
- Soy alegre, activo y audaz.

Snif, snif...

Un perrito «de bolsillo»

- Peso 3-4 kg.
- Mido 20-25 cm.
- Soy de color blanco puro.
- Vivo unos 16 años.
- Soy amable, alegre y cariñoso.

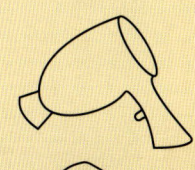

Soy un bichón maltés

¡Melenudo y bonachón!

- Peso 30-35 kg.
- Mido 56-61 cm.
- Soy de color gris con manchas blancas.
- Vivo unos 13 años.
- Soy cariñoso y activo.

Soy un bobtail

- Peso 25-30 kg.
- Mido 53-63 cm.
- Soy de color leonado, atigrado, dorado o albino.
- Vivo unos 11 años.
- Soy equilibrado, afectuoso, leal y obediente.

¡El más amable!

Soy un **bóxer**

Soy un **boyero de Berna**

¡Tricolor!

- Peso unos 40 kg.
- Mido 58-70 cm.
- Soy de color negro con manchas fuego y blancas.
- Vivo unos 9 años.
- Soy inteligente y afectuoso.

Soy un braco de Weimar

¡Rastreadores!

- Peso 25-39 kg.
- Mido 58-69 cm.
- Soy de color gris acero, gris ciervo o gris ratón.
- Vivo unos 12 años.
- Soy obediente y afectuoso.

Soy un bull terrier

- Peso 25-29 kg.
- Mido 53-56 cm.
- Soy de color blanco con manchas atigradas.
- Vivo unos 11 años.
- Soy afectuoso, leal y activo.

¡Mi cabeza es ovalada!

Soy un bulldog francés

- Peso unos 8 kg.
- Mido 30-35 cm.
- Soy de color blanco con manchas negras, negro con manchas blancas, atigrado y arena.
- Vivo unos 12 años.
- Soy activo, dócil y afectuoso.

¡Ronco por las noches!

Soy un caniche gigante

¡Un aristócrata!

- Peso 20-32 kg.
- Mido 45-55 cm.
- Soy de color variado (negro, blanco, gris, marrón…)
- Vivo unos 13 años.
- Soy muy inteligente, fiel y obediente.

- Peso 6-8 kg.
- Mido unos 35 cm.
- Soy de color albaricoque, plata, leonado claro o negro.
- Vivo unos 13 años.
- Soy tranquilo, sensible, sociable, alegre y vivaz.

Soy un carlino

Soy un chihuahua

- Peso 1,5-3 kg.
- Mido 16-20 cm.
- Soy de cualquier color.
- Vivo unos 14 años.
- Soy astuto, inteligente y observador.

¡El más chiquitín!

- Peso 20-30 kg.
- Mido 46-56 cm.
- Soy de color negro, rojizo, azul, leonado, crema…
- Vivo unos 12 años.
- Soy independiente, testarudo y orgulloso.

¡Un león de lengua azul!

Soy un chow chow

Soy un cocker spaniel

- Peso 12-15 kg.
- Mido 38-41 cm.
- Soy de color limón, negro, dorado o blanco punteado.
- Vivo unos 15 años.
- Soy seguro, alegre, curioso e independiente.

¡Laaaargas orejas!

- Peso 18-29 kg.
- Mido 51-61 cm.
- Soy tricolor, cibelina y blanco, y azul mirlo.
- Vivo unos 12 años.
- Soy tranquilo, afectuoso, equilibrado y leal.

¡Como Lassie!

Soy un collie de pelo largo

- Peso 10-12 kg.
- Mido 25-30 cm.
- Soy de color rojo, leonado, carbonado, negro y fuego, con o sin manchas blancas.
- Vivo unos 13 años.
- Soy inteligente, buen guardián y muy amable.

¡El favorito de Isabel II!

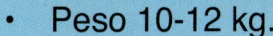

Soy un corgi

¡Soy un perro de película!

- Peso 24-32 kg.
- Mido 54-61 cm.
- Soy de color blanco moteado en negro o en color hígado.
- Vivo unos 11 años.
- Soy independiente, tenaz, amistoso y alegre.

Soy un dálmata

Soy un dóberman

- Peso 32-45 kg.
- Mido 63-72 cm.
- Soy de color negro y fuego, marrón y fuego, y azul y fuego.
- Vivo unos 11 años.
- Soy inteligente, dominante, vital y activo.

¡El mejor guardián!

- Peso unos 8 kg.
- Mido 35-39 cm.
- Soy de color blanco con manchas negras o leonado con manchas negras.
- Vivo unos 14 años.
- Soy muy activo, impetuoso, valiente y osado.

Soy un fox terrier... ¡Como Milú!

Soy un **galgo afgano**

- Peso unos 27 kg.
- Mido 68-73 cm.
- Soy de cualquier color.
- Vivo unos 12 años.
- Soy orgulloso, independiente y tranquilo.

¡Con abrigo de piel!

Soy un  galgo español

- Peso 20-25 kg.
- Mido 60-70 cm.
- Soy de cualquier color.
- Vivo unos 13 años.
- Soy obediente, cariñoso y tímido.

¡El más rápido!

Soy un Golden retriever

- Peso 29-38 kg.
- Mido 51-61 cm.
- Soy de color crema o dorado.
- Vivo unos 13 años.
- Soy dulce, afectuoso, sensible y obediente.

¡Muy sociable!

Soy un husky siberiano

**Yo no ladro...
¡Aúllo!**

- Peso 16-28 kg.
- Mido 50-60 cm.
- Soy de cualquier color.
- Vivo unos 12 años.
- Soy independiente, gregario y activo.

- Peso 5-7 kg.
- Mido 27-35 cm.
- Soy de color blanco con manchas negras y fuego.
- Vivo unos 13 años.
- Soy hiperactivo, tenaz y pendenciero.

¡Con mucha energía!

Soy un
Jack russell

Soy un labrador

- Peso 30-35 kg.
- Mido unos 56 cm.
- Soy de color negro, dorado o chocolate.
- Vivo unos 12 años.
- Soy muy activo, alegre, juguetón y familiar.

Puedo trabajar como lazarillo

- Peso 22-40 kg.
- Mido 55-65 cm.
- Soy de color negro, fuego y rojizo.
- Vivo unos 12 años.
- Soy equilibrado, seguro de mí mismo, resistente y trabajador.

Soy un pastor alemán

¡El más popular!

Soy un pastor belga

- Peso 25-30 kg.
- Mido 56-66 cm.
- Soy de color negro.
- Vivo unos 13 años.
- Soy inteligente y leal.

Lealtad por encima de todo

¡El preferido de los emperadores chinos!

- Peso 2-8 kg.
- Mido 15-22 cm.
- Soy de cualquier color excepto color hígado y albino.
- Vivo unos 13 años.
- Soy independiente, orgulloso y valiente.

Soy un pekinés

Soy un pinscher miniatura

- Peso menos de 4 kg.
- Mido 25-30 cm.
- Soy bicolor negro y fuego o unicolor rojizo.
- Vivo unos 15 años.
- Soy muy activo, valiente y estoy siempre alerta.

¡Pequeño pero valiente!

- Peso 1,5-3,5 kg.
- Mido 18-22 cm.
- Soy de color negro, anaranjado, blanco, gris y otros.
- Vivo unos 16 años.
- Soy inteligente, afectuoso y vivaz.

Soy un Pomerania

¡Un zorro en miniatura!

Soy un rottweiler

- Peso 42-50 kg.
- Mido 56-68 cm.
- Soy de color negro con manchas fuego.
- Vivo unos 10 años.
- Soy inteligente, equilibrado, obediente y serio.

Soy un samoyedo

¡Me encanta el frío!

- Peso 23-30 kg.
- Mido 53-57 cm.
- Soy de color blanco puro o crema.
- Vivo unos 14 años.
- Soy independiente, inteligente y amable.

Soy un san Bernardo...

¡Como Beethoven!

- Peso 60-90 kg.
- Mido al menos 65-70 cm.
- Soy de color blanco con manchas marrón-rojizo.
- Vivo unos 11 años.
- Soy tranquilo, reposado, fuerte y leal.

Soy un schnauzer miniatura

- Peso 4-6 kg.
- Mido 30-36 cm.
- Soy de color negro puro, sal y pimienta, negro y plata o blanco puro.
- Vivo unos 13 años.
- Soy muy afectuoso, serio y equilibrado.

¡Tengo bigote y barba!

¡Soy un eterno cachorro!

- Peso 20-30 kg.
- Mido 55-62 cm.
- Soy de color castaño o caoba.
- Vivo unos 14 años.
- Soy independiente, juguetón y enérgico.

Soy un setter irlandés

Soy un teckel

¡Perro salchicha!

- Peso 3,5-9 kg.
- Mido 17-25 cm.
- Soy de color negro, fuego, chocolate, jabalí, arlequín y atigrado.
- Vivo unos 14 años.
- Soy activo, valiente y tenaz.

Soy un
west highland

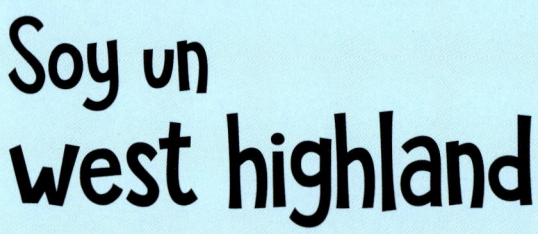

- Peso unos 8 kg.
- Mido unos 28 cm.
- Soy de color blanco puro.
- Vivo unos 14 años.
- Soy afectuoso, leal, tenaz e independiente.

¡Fui cazador!

¡Soy un top model!

- Peso 2-3 kg.
- Mido 14-25 cm.
- Soy de color azul metálico oscuro y fuego.
- Vivo unos 15 años.
- Soy activo, enérgico y temperamental.

Soy un yorkshire terrier

© 2026, Editorial LIBSA
C/ Puerto de Navacerrada, 88
28935 Móstoles. Madrid
Tel. (34) 91 657 25 80
e-mail: libsa@libsa.es
www.libsa.es

ISBN: 978-84-662-4527-2
Textos y edición: María Mañeru
Ilustración: Shutterstock y Gettyimages /
Archivo Libsa
Maquetación: Violeta Sirera Blanco
Cubierta: Lucía Fernández Díez

DL: M-18010-2025